Concert Journal

Ticket

I was with :

Date :

Venue :

Favorite Moment

PlayLists

Rating : ☆☆☆☆☆

Ticket

I was with :

Date :

Venue :

Favorite Moment

PlayLists

Rating : ☆☆☆☆☆

Ticket

I was with :

Date :

Venue :

Favorite Moment

PlayLists

Rating : ☆☆☆☆☆

Ticket

I was with :

Date :

Venue :

Favorite Moment

PlayLists

Rating : ☆☆☆☆☆

Ticket

I was with :

Date :

Venue :

Favorite Moment

PlayLists

Rating : ☆☆☆☆☆

Ticket

I was with :

Date :

Venue :

Favorite Moment

PlayLists

Rating : ☆☆☆☆☆

Ticket

I was with :

Date :

Venue :

Favorite Moment

PlayLists

Rating : ☆☆☆☆☆

Ticket

I was with :

Date :

Venue :

Favorite Moment

PlayLists

Rating : ☆☆☆☆☆

Ticket

I was with :

Date :
Venue :

Favorite Moment

PlayLists

Rating : ☆☆☆☆☆

Ticket

I was with :

Date :
Venue :

Favorite Moment

PlayLists

Rating : ☆☆☆☆☆

Ticket

I was with :

Date :

Venue :

Favorite Moment

PlayLists

Rating : ☆☆☆☆☆

Ticket

I was with :

Date :

Venue :

Favorite Moment

PlayLists

Rating : ☆☆☆☆☆

Ticket

I was with :

Date :

Venue :

Favorite Moment

PlayLists

Rating : ☆☆☆☆☆

Ticket

I was with :

Date :
Venue :

Favorite Moment

PlayLists

Rating : ☆☆☆☆☆

Ticket

I was with :

Date :

Venue :

Favorite Moment

PlayLists

Rating : ☆☆☆☆☆

Ticket

I was with :

Date :

Venue :

Favorite Moment

PlayLists

Rating : ☆☆☆☆☆

Ticket

I was with :

Date :

Venue :

Favorite Moment

PlayLists

Rating : ☆☆☆☆☆

Ticket

I was with :

Date :

Venue :

Favorite Moment

PlayLists

Rating : ☆☆☆☆☆

Ticket

I was with :

Date :
Venue :

Favorite Moment

PlayLists

Rating : ☆☆☆☆☆

Ticket

I was with :

Date :

Venue :

Favorite Moment

PlayLists

Rating : ☆☆☆☆☆

Ticket

I was with :

Date :

Venue :

Favorite Moment

PlayLists

Rating : ☆☆☆☆☆

Ticket

I was with :

Date :
Venue :

Favorite Moment

PlayLists

Rating : ☆☆☆☆☆

Ticket

I was with :

Date :

Venue :

Favorite Moment

PlayLists

Rating : ☆☆☆☆☆

Ticket

I was with :

Date :

Venue :

Favorite Moment

PlayLists

Rating : ☆☆☆☆☆

Ticket

I was with :

Date :

Venue :

Favorite Moment

PlayLists

Rating : ☆☆☆☆☆

Ticket

I was with :

Date :

Venue :

Favorite Moment

PlayLists

Rating : ☆☆☆☆☆

Ticket

I was with :

Date :

Venue :

Favorite Moment

PlayLists

Rating : ☆☆☆☆☆

Ticket

I was with :

Date :

Venue :

Favorite Moment

PlayLists

Rating : ☆☆☆☆☆

Ticket

I was with :

Date :

Venue :

Favorite Moment

PlayLists

Rating : ☆☆☆☆☆

Ticket

I was with :

Date :
Venue :

Favorite Moment

PlayLists

Rating : ☆☆☆☆☆

Ticket

I was with :

Date :

Venue :

Favorite Moment

PlayLists

Rating : ☆☆☆☆☆

Ticket

I was with :

Date :

Venue :

Favorite Moment

PlayLists

Rating : ☆☆☆☆☆

Ticket

I was with :

Date :

Venue :

Favorite Moment

PlayLists

Rating : ☆☆☆☆☆

Ticket

I was with :

Date :

Venue :

Favorite Moment

PlayLists

Rating : ☆☆☆☆☆

Ticket

I was with :

Date :
Venue :

Favorite Moment

PlayLists

Rating : ☆☆☆☆☆

Ticket

I was with :

Date :

Venue :

Favorite Moment

PlayLists

Rating : ☆☆☆☆☆

Ticket

I was with :

Date :

Venue :

Favorite Moment

PlayLists

Rating : ☆☆☆☆☆

Ticket

I was with :

Date :

Venue :

Favorite Moment

PlayLists

Rating : ☆☆☆☆☆

Ticket

I was with :

Date :

Venue :

Favorite Moment

PlayLists

Rating : ☆☆☆☆☆

Ticket

I was with :

Date :

Venue :

Favorite Moment

PlayLists

Rating : ☆☆☆☆☆

Ticket

I was with :

Date :

Venue :

Favorite Moment

PlayLists

Rating : ☆☆☆☆☆

Ticket

I was with :

Date :

Venue :

Favorite Moment

PlayLists

Rating : ☆☆☆☆☆

Ticket

I was with :

Date :
Venue :

Favorite Moment

PlayLists

Rating : ☆☆☆☆☆

Ticket

I was with :

Date :

Venue :

Favorite Moment

PlayLists

Rating : ☆☆☆☆☆

Ticket

I was with :

Date :

Venue :

Favorite Moment

PlayLists

Rating : ☆☆☆☆☆

Ticket

I was with :

Date :

Venue :

Favorite Moment

PlayLists

Rating : ☆☆☆☆☆

Ticket

I was with :

Date :

Venue :

Favorite Moment

PlayLists

Rating : ☆☆☆☆☆

Ticket

I was with :

Date :
Venue :

Favorite Moment

PlayLists

Rating : ☆☆☆☆☆

Ticket

I was with :

Date :

Venue :

Favorite Moment

PlayLists

Rating : ☆☆☆☆☆

Ticket

I was with :

Date :

Venue :

Favorite Moment

PlayLists

Rating : ☆☆☆☆☆

Ticket

I was with :

Date :

Venue :

Favorite Moment

PlayLists

Rating : ☆☆☆☆☆

Ticket

I was with :

Date :

Venue :

Favorite Moment

PlayLists

Rating : ☆☆☆☆☆

Ticket

I was with :

Date :

Venue :

Favorite Moment

PlayLists

Rating : ☆☆☆☆☆

Ticket

I was with :

Date :
Venue :

Favorite Moment

PlayLists

Rating : ☆☆☆☆☆

Ticket

I was with :

Date :

Venue :

Favorite Moment

PlayLists

Rating : ☆☆☆☆☆

Ticket

I was with :

Date :

Venue :

Favorite Moment

PlayLists

Rating : ☆☆☆☆☆

Ticket

I was with :

Date :

Venue :

Favorite Moment

PlayLists

Rating : ☆☆☆☆☆

Ticket

I was with :

Date :

Venue :

Favorite Moment

PlayLists

Rating : ☆☆☆☆☆

Ticket

I was with :

Date :
Venue :

Favorite Moment

PlayLists

Rating : ☆☆☆☆☆

Ticket

I was with :

Date :
Venue :

Favorite Moment

PlayLists

Rating : ☆☆☆☆☆

Ticket

I was with :

Date :

Venue :

Favorite Moment

PlayLists

Rating : ☆☆☆☆☆

Ticket

I was with :

Date :

Venue :

Favorite Moment

PlayLists

Rating : ☆☆☆☆☆

Ticket

I was with :

Date :

Venue :

Favorite Moment

PlayLists

Rating : ☆☆☆☆☆

Ticket

I was with :

Date :

Venue :

Favorite Moment

PlayLists

Rating : ☆☆☆☆☆

Ticket

I was with :

Date :

Venue :

Favorite Moment

PlayLists

Rating : ☆☆☆☆☆

Ticket

I was with :

Date :

Venue :

Favorite Moment

PlayLists

Rating : ☆☆☆☆☆

Ticket

I was with :

Date :

Venue :

Favorite Moment

PlayLists

Rating : ☆☆☆☆☆

Ticket

I was with :

Date :

Venue :

Favorite Moment

PlayLists

Rating : ☆☆☆☆☆

Ticket

I was with :

Date :

Venue :

Favorite Moment

PlayLists

Rating : ☆☆☆☆☆

Ticket

I was with :

Date :

Venue :

Favorite Moment

PlayLists

Rating : ☆☆☆☆☆

Ticket

I was with :

Date :
Venue :

Favorite Moment

PlayLists

Rating : ☆☆☆☆☆

Ticket

I was with :

Date :

Venue :

Favorite Moment

PlayLists

Rating : ☆☆☆☆☆

Ticket

I was with :

Date :

Venue :

Favorite Moment

PlayLists

Rating : ☆☆☆☆☆

Ticket

I was with :

Date :

Venue :

Favorite Moment

PlayLists

Rating : ☆☆☆☆☆

Ticket

I was with :

Date :

Venue :

Favorite Moment

PlayLists

Rating : ☆☆☆☆☆

Ticket

I was with :

Date :

Venue :

Favorite Moment

PlayLists

Rating : ☆☆☆☆☆

Ticket

I was with :

Date :
Venue :

Favorite Moment

PlayLists

Rating : ☆☆☆☆☆

Ticket

I was with :

Date :

Venue :

Favorite Moment

PlayLists

Rating : ☆☆☆☆☆

Ticket

I was with :

Date :

Venue :

Favorite Moment

PlayLists

Rating : ☆☆☆☆☆

Ticket

I was with :

Date :
Venue :

Favorite Moment

PlayLists

Rating : ☆☆☆☆☆

Ticket

I was with :	Date :
	Venue :

Favorite Moment

PlayLists

Rating : ☆☆☆☆☆

Ticket

I was with :

Date :

Venue :

Favorite Moment

PlayLists

Rating : ☆☆☆☆☆

Ticket

I was with :

Date :
Venue :

Favorite Moment

PlayLists

Rating : ☆☆☆☆☆

Ticket

I was with :

Date :
Venue :

Favorite Moment

PlayLists

Rating : ☆☆☆☆☆

Ticket

I was with :

Date :

Venue :

Favorite Moment

PlayLists

Rating : ☆☆☆☆☆

Ticket

I was with :

Date :
Venue :

Favorite Moment

PlayLists

Rating : ☆☆☆☆☆

Ticket

I was with :

Date :
Venue :

Favorite Moment

PlayLists

Rating : ☆☆☆☆☆

Ticket

I was with :

Date :

Venue :

Favorite Moment

PlayLists

Rating : ☆☆☆☆☆

Ticket

I was with :

Date :

Venue :

Favorite Moment

PlayLists

Rating : ☆☆☆☆☆

Ticket

I was with :

Date :

Venue :

Favorite Moment

PlayLists

Rating : ☆☆☆☆☆

Ticket

I was with :

Date :

Venue :

Favorite Moment

PlayLists

☆☆☆☆☆

Ticket

I was with :

Date :
Venue :

Favorite Moment

PlayLists

Rating : ☆☆☆☆☆

Ticket

I was with :

Date :

Venue :

Favorite Moment

PlayLists

☆☆☆☆☆

Ticket

I was with :

Date :

Venue :

Favorite Moment

PlayLists

Rating : ☆☆☆☆☆

Ticket

I was with :

Date :

Venue :

Favorite Moment

PlayLists

Rating : ☆☆☆☆☆

Ticket

I was with :

Date :

Venue :

Favorite Moment

PlayLists

Rating : ☆☆☆☆☆

Ticket

I was with :

Date :

Venue :

Favorite Moment

PlayLists

Rating : ☆☆☆☆☆

Ticket

I was with :

Date :

Venue :

Favorite Moment

PlayLists

Rating : ☆☆☆☆☆

Ticket

I was with :

Date :

Venue :

Favorite Moment

PlayLists

Rating : ☆☆☆☆☆

Ticket

I was with :

Date :

Venue :

Favorite Moment

PlayLists

Rating : ☆☆☆☆☆

Ticket

I was with :

Date :

Venue :

Favorite Moment

PlayLists

Rating : ☆☆☆☆☆

Ticket

I was with :

Date :
Venue :

Favorite Moment

PlayLists

Rating : ☆☆☆☆☆

Ticket

I was with :

Date :
Venue :

Favorite Moment

PlayLists

Rating : ☆☆☆☆☆

Ticket

I was with :

Date :

Venue :

Favorite Moment

PlayLists

Rating : ☆☆☆☆☆

Ticket

I was with :

Date :

Venue :

Favorite Moment

PlayLists

Rating : ☆☆☆☆☆

Ticket

I was with :

Date :

Venue :

Favorite Moment

PlayLists

Rating : ☆☆☆☆☆

Ticket

I was with :

Date :

Venue :

Favorite Moment

PlayLists

Rating : ☆☆☆☆☆

Ticket

I was with :

Date :

Venue :

Favorite Moment

PlayLists

Rating : ☆☆☆☆☆

Ticket

I was with :

Date :

Venue :

Favorite Moment

PlayLists

Rating : ☆☆☆☆☆

Ticket

I was with :

Date :
Venue :

Favorite Moment

PlayLists

Rating : ☆☆☆☆☆

Ticket

I was with :

Date :
Venue :

Favorite Moment

PlayLists

Rating : ☆☆☆☆☆

Ticket

I was with :

Date :

Venue :

Favorite Moment

PlayLists

Rating : ☆☆☆☆☆

Ticket

I was with :

Date :

Venue :

Favorite Moment

PlayLists

Rating : ☆☆☆☆☆

Ticket

I was with :

Date :

Venue :

Favorite Moment

PlayLists

Rating : ☆☆☆☆☆

Ticket

I was with :

Date :

Venue :

Favorite Moment

PlayLists

Rating : ☆☆☆☆☆

Ticket

I was with :

Date :

Venue :

Favorite Moment

PlayLists

Rating : ☆☆☆☆☆

Ticket

I was with :

Date :

Venue :

Favorite Moment

PlayLists

Rating : ☆☆☆☆☆

Ticket

I was with :

Date :

Venue :

Favorite Moment

PlayLists

Rating : ☆☆☆☆☆

Ticket

I was with :

Date :

Venue :

Favorite Moment

PlayLists

Rating : ☆☆☆☆☆